BEI GRIN MACHT SICH IHR WISSEN BEZAHLT

- Wir veröffentlichen Ihre Hausarbeit,
  Bachelor- und Masterarbeit

- Ihr eigenes eBook und Buch -
  weltweit in allen wichtigen Shops

- Verdienen Sie an jedem Verkauf

Jetzt bei www.GRIN.com hochladen und kostenlos publizieren

Bibliografische Information der Deutschen Nationalbibliothek:

Die Deutsche Bibliothek verzeichnet diese Publikation in der Deutschen National-
bibliografie; detaillierte bibliografische Daten sind im Internet über http://dnb.d-
nb.de/ abrufbar.

Dieses Werk sowie alle darin enthaltenen einzelnen Beiträge und Abbildungen
sind urheberrechtlich geschützt. Jede Verwertung, die nicht ausdrücklich vom
Urheberrechtsschutz zugelassen ist, bedarf der vorherigen Zustimmung des Verla-
ges. Das gilt insbesondere für Vervielfältigungen, Bearbeitungen, Übersetzungen,
Mikroverfilmungen, Auswertungen durch Datenbanken und für die Einspeicherung
und Verarbeitung in elektronische Systeme. Alle Rechte, auch die des auszugsweisen
Nachdrucks, der fotomechanischen Wiedergabe (einschließlich Mikrokopie) sowie
der Auswertung durch Datenbanken oder ähnliche Einrichtungen, vorbehalten.

Impressum:

Copyright © 2007 GRIN Verlag, Open Publishing GmbH
Druck und Bindung: Books on Demand GmbH, Norderstedt Germany
ISBN: 9783668610910

Dieses Buch bei GRIN:

https://www.grin.com/document/336459

Hubert Woita

Kriegskonferenzen. Die Gipfeltreffen der „Großen Drei" in Teheran, Jalta, Potsdam

Eine Quelleninterpretation

GRIN Verlag

GRIN - Your knowledge has value

Der GRIN Verlag publiziert seit 1998 wissenschaftliche Arbeiten von Studenten, Hochschullehrern und anderen Akademikern als eBook und gedrucktes Buch. Die Verlagswebsite www.grin.com ist die ideale Plattform zur Veröffentlichung von Hausarbeiten, Abschlussarbeiten, wissenschaftlichen Aufsätzen, Dissertationen und Fachbüchern.

Besuchen Sie uns im Internet:

http://www.grin.com/

http://www.facebook.com/grincom

http://www.twitter.com/grin_com

Kriegskonferenzen. Die Gipfeltreffen der „Großen Drei" in Teheran, Jalta, Potsdam

Eine Quelleninterpretation

Inhaltsverzeichnis

Einleitung

Die folgende Ausarbeitung beschäftigt sich mit den drei wichtigsten Kriegskonferenzen.

Die Konferenzen in Teheran, Jalta und Potsdam sollten die politische Neuordnung Deutschlands, aber auch Europas sicherstellen. Zugleich waren sie auch für das politische Mächteverhältnis zwischen den alliierten Siegermächten von enormer Bedeutung.

Zu Beginn wird auf die Quelle an sich eingegangen, um dann die historischen Zusammenhänge herauszufiltern und aufzuzeigen.

1. Quellenkritik

1.1 Quellenbeschreibung

Bei der ausgewählten Quelle handelt es sich um eine Parlamentsrede. Die Rede wurde vom Premierminister Winston Churchill[1] am 27. Februar 1945 vor dem britischem Unterhaus gehalten. Churchill hielt sie im Zuge der abgeschlossenen Kriegskonferenz vom 4. – 11. Februar 1945 in Jalta. Die Rede richtete sich mit den Ergebnissen, aber auch Churchills persönlichen Eindrücken der Konferenz an die Abgeordneten des Unterhauses. Die Quelle liegt in gedruckter Form vor, ist aber nicht Bestandteil dieser Veröffentlichung.[2]

1.2   Innere Kritik

1.2.1   Sprachliche Aufschlüsselung

„Imponderabilien"

Der Begriff Imponderabilien stammt von dem lateinischen Wort imponderabilis,[3] was unwägbar bedeutet, ab. Imponderabilien sind also unwägbare und unberechenbare Einflüsse, beispielsweise die Gefühle und Reaktionen anderer. Sie sind nicht vorhersehbar, haben aber oftmals

---

[1] Sir Winston Leonard Churchill (1874–1965), britischer Staatsmann, 1940–1945 und 1951–1955 Premierminister

[2] W. Churchill. Memoiren. Bd. VI. 2. Stuttgart 1954, S.70. Die Frage der äußeren Textsicherung erübrigt sich damit.

[3] aus https://de.wikipedia.org/wiki/Imponderabilien, abgerufen am 12. Januar 2018

einen wichtigen Einfluss auf zukünftiges Geschehen. In den Naturwissenschaften sind Imponderabilien Stoffe, die im gasförmigen Aggregatzustand nicht fassbar oder greifbar sind, und man somit keinen Einfluss auf sie nehmen kann.

1.2.2 Sachliche Aufschlüsselung

„Krim"

Die Krim ist eine, im Schwarzen Meer gelegene Halbinsel im Osten Europas. Die bedeutendsten Städte sind Sewastopol, Kertsch, Jalta und Simferopol, welche auch die

Hauptstadt ist. Seit dem Jahr 1954 ist die Krim Teilrepublik der Ukraine und erlangte 1992 weitgehende Autonomie. Im Februar 1945 war die Halbinsel Schauplatz der Jalta- Konferenz.[4]

„Unterhaus"

Der Begriff Unterhaus bezeichnet das „ House of Commons „ des britischen Parlaments. Die Commons (engl.: die Gemeinen) sind Vertreter des niederen englischen Adels und tagen seit 1376, erstmals getrennt von den anderen Ständen, im Parlament. Das Unterhaus hat die gesetzgebende Gewalt inne, im Gegensatz zum „ House of Lords „ (Oberhaus), welches nur noch zur Diskussion öffentlicher Fragen herangezogen wird.[5]

---

[4] Geiss, Imanuel: Geschichte griffbereit. Bd. 3. Schauplätze. München. 2002, S. 398
[5] Geiss, Imanuel: Geschichte griffbereit. Bd. 4. Begriffe. München 2002, S. 371, 535

„die drei Großmächte"

Im Allgemeinen bezeichnet der Begriff Großmacht Staaten, die die internationale Politik mitbestimmen. Geprägt wurde der Begriff erstmals im 19. Jahrhundert.

Im Zusammenhang mit der Quelle bezeichnen „die drei Großmächte" die aus dem Zweiten Weltkrieg hervorgegangenen Mächte der Vereinigten Staaten von Amerika (USA), Großbritannien und die mittlerweile aufgelösten Union der Sozialistischen Sowjetrepubliken (UdSSR).

„Sowjetregierung"

Der Begriff lehnt sich an das russische Wort Sowjet, also „ Rat „ an und bezeichnet die Regierung der ehemaligen UdSSR. Die Räte waren seit 1905 während der Russischen Revolution die führenden Organe. In den Zwanziger Jahren wurden sie faktisch ausgeschaltet und durch Parteiapparate ersetzt. Der Name Sowjet blieb jedoch für die Organe der Staatsbürokratie auf allen Ebenen der UdSSR erhalten.[6]

---

[6] ebenda, S.852

2. Quelleninterpretation

2.1 Inhaltsangabe

In seiner Rede betont Churchill ganz klar seine positive Resonanz von der abgeschlossenen Konferenz auf der Krim. Auch lässt er keinen Zweifel an der Glaubwürdigkeit der Worte Marschall Stalins und der Vertragstreue der UdSSR. Zugleich warnt er vor dem möglichen Entstehen einer Kluft zwischen den Demokratien des Westens und der Sowjetrepublik.

Im zweiten Absatz der Rede geht Churchill auf die zukünftigen Herausforderungen für die Staaten ein. Er verdeutlicht, dass unvorhersehbare Ereignisse nur gemeinsam bewältigt werden können. Die Partner sollen nicht in die ferne Zukunft planen, sondern aufkommende Hürden Schritt für Schritt überwinden. Abschließend bekräftigt er erneut seine optimistische Haltung und betont das gewachsene Vertrauen zwischen den Konferenzteilnehmern.

2.2 Einordnung in den historischen Kontext

2.2.1 Fragestellung

Mit dem Zweiten Weltkrieg wurde eines der dunkelsten Kapitel der Menschheitsgeschichte aufgeschlagen. Noch in keinem Krieg zuvor gab es ein solches Ausmaß an Zerstörung und Tod. Allein die Sowjetunion hatte rund 13,6 Millionen Soldaten und 7 Millionen Opfer in der

Zivilbevölkerung zu beklagen.[7] Für die Alliierten war bereits während des Krieges klar, dass alles Notwendige getan werden musste, um ein erneutes Wiederaufflackern dieser Gewalt zu verhindern. Doch wie sollten die Alliierten in Zukunft mit Deutschland verfahren? Welche Beschlüsse wurden auf den drei Gipfelkonferenzen getroffen? Welche Probleme traten unter den Siegermächten und ihren einzelnen Absichten auf? Auf diese Fragen soll im Folgenden eingegangen und mögliche Antworten geliefert werden.

2.2.2 Die Gipfeltreffen der „Großen Drei" – Teheran, Jalta, Potsdam

„Das Nazi-Deutschland ist dem Untergang geweiht."[8] Mit diesem Satz aus den Erklärungen und Vereinbarungen von Jalta, zeigt sich die Entschlossenheit der „Großen Drei"[9]. Doch Jalta sollte nicht die einzige Möglichkeit sein, um über Probleme der Kriegsführung und die künftige Neuordnung der europäischen Staaten zu beraten. Insgesamt begegneten sie sich drei Mal: vom 28. November bis zum 1. Dezember 1943 in Teheran, vom 4. bis zum 11. Februar 1945 in Jalta und, als Abschluss der beiden vorhergegangenen Konferenzen, vom 17. Juli bis zum 2. August auf der Konferenz von Potsdam. Als Vorbereitung des ersten Gipfeltreffens in Teheran diente die Moskauer Außenministerkonferenz. Dort wurde auch auf Vorschlag des britischen Außenministers Eden vom

---

[7] Vgl. dazu Becker, Josef; Stammen, Theo; Waldmann, Peter (Hrsg.): Vorgeschichte der Bundesrepublik Deutschland: Zwischen Kapitulation und Grundgesetz. München 1979, S. 11
[8] Bundeszentrale für politische Bildung (Hrsg.): Die Doppelte Staatsgründung: Deutsche Geschichte 1945-1955. 5. überarbeitete und erweiterte Auflage. Bonn 1991 (Schriftenreihe Band 298), S. 345
[9] unter Führung von Winston Churchill, Franklin D. Roosevelt (Präsident der USA) und Jossif W. Stalin (Ministerpräsident der UdSSR)

24. Oktober 1943 die Europäische Beratende Kommission (EAC) eingerichtet. Die EAC sollte über die europäischen Nachkriegsprobleme beraten und die wichtigsten Vorentscheidungen über die Deutschlandfrage klären. Zu Beginn bestand die Kommission aus den Vertretern der drei Großmächte, jedoch trat Frankreich auf eine Einladung hin am 11. November 1944 bei. Eine der wichtigsten Arbeiten der EAC war die Ausarbeitung der Kapitulationsurkunde, die die bedingungslose Kapitulation Deutschlands vorsah, sowie die „Berliner Erklärung" vom 5. Juni 1945 zur Übernahme der obersten Regierungsgewalt.[10] Mit den Ergebnissen der Konferenz von Potsdam wurde die Auflösung der Kommission beschlossen und ihre Arbeit auf den Alliierten Kontrollrat übertragen.[11]

Im Vordergrund des ersten Aufeinandertreffens in Teheran stand die Frage der Militärstrategie für die letzte Kriegsphase. So war eine der wichtigsten Entscheidungen die Festlegung einer Invasion durch Streitkräfte der Westalliierten in Frankreich im Mai 1944, also den Aufbau einer zweiten Front. Auch die Durchführung einer sowjetischen Sommeroffensive wurde beschlossen. Ein weiterer Kernpunkt der Gespräche war die Grenzfrage Polens. Besonders Stalin pochte auf eine Veränderung der polnischen Grenzen und konnte auch die

---

[10] Bundeszentrale für politische Bildung (Hrsg.): Die Doppelte Staatsgründung: Deutsche Geschichte 1945-1955. 5. überarbeitete und erweiterte Auflage. Bonn 1991 (Schriftenreihe Band 298), S.25
[11] Meissner, Boris: Die Deutschlandfrage von Jalta und Potsdam bis zur staatlichen Teilung Deutschlands 1949. Berlin 1993, S. 8

grundsätzliche Anerkennung der Curzon-Linie[12] als Ostgrenze Polens erwirken. Aufgrund dessen stellten Churchill und Roosevelt Polen eine Kompensation durch einen großen Teil deutscher Ostgebiete in Aussicht. Stalin brachte außerdem die Verschiebung von Polens Westgrenze ins Gespräch. Diese Westverschiebung bis zur Oder-Neiße-Linie wurde aber nicht verbindlich festgelegt. Erste Diskussionen wurden auch zur Teilung Deutschlands in Besatzungszonen und zur Reduzierung der Industrie geführt. In Teheran äußerte Präsident Roosevelt den Wunsch zur Gründung einer Weltfriedensorganisation.[13]

In der Zeit vom 4. bis zum 11. Februar 1945 fand in Jalta auf der Krim die zweite Konferenz der Alliierten statt. Allerdings hatte sich die militärische Situation in Europa verändert: die Rote Armee stand bereits vor den Toren Berlins und auch die westlichen Alliierten hatten nach der Landung in der Normandie den Einmarsch nach Deutschland fest im Blick. Auch gab es unterschiedliche Absichten: Roosevelt wollte den Krieg in Europa schnellst möglichst beenden, auch um die UdSSR in den Krieg gegen Japan einzubeziehen und um die amerikanischen Verluste gering zuhalten. Er drängte erneut auf den in Dumbarton Oaks [14] begonnen Aufbau der Weltfriedensorganisation.

---

[12] im Jahre 1919 vom damaligen britischen Außenminister Lord Curzon vorgeschlagene polnisch-sowjetische Grenze; aus: Geiss, Imanuel: Geschichte griffbereit. Bd. 4. Begriffe. München 2002, S. 936
[13] Vgl. Fischer, Alexander: Teheran, Jalta, Potsdam: die sowjetischen Protokolle von den Kriegskonferenzen der „großen Drei". 3.Auflage. Köln 1985, S. 90
[14] In den inoffiziellen Besprechungen von Dumbarton Oaks (USA) wurden Richtlinien für eine Weltfriedens-
organisation gesetzt.

Im Wesentlichen wurden in Jalta die Gespräche von Teheran weitergeführt beziehungsweise vertieft. So wurde jetzt die Westgrenze Polens an der Oder-Neiße-Linie zugesagt, die Kompensation durch deutsche Gebiete an Polen aber verbindlich. Darauf gingen die Briten und Amerikaner aber nur ein, weil Stalin versprach in Polen freie Wahlen stattfinden zu lassen. Zudem setzte Stalin das „Lubliner Komitee" als rechtmäßige polnische Regierung durch. Dieses Komitee hatten die Sowjets bei ihrem Einmarsch in Polen selbst gegründet und war so ein Instrument ihrer eigenen Politik. Durch die Zustimmung der westlichen Alliierten zum „Lubliner Komitee" gaben sie der polnischen Exilregierung in London keine Chance an der Zukunft Polens mitzuarbeiten.[15] Ein weiterer bedeutender Punkt war die Klärung der Besatzungspolitik in Deutschland. Man legte die Aufteilung in vier separate Besatzungszonen fest, mit Frankreich als vierte Besatzungsmacht. Die Verwaltung und Kontrolle der Zonen sollte von einer Zentralen Kontrollkommission (dem Alliierten Kontrollrat) mit Sitz in Berlin übernommen werden. Der Kontrollrat setzte sich aus den Oberbefehlshabern der Besatzungsmächte zusammen. Da man sicher gehen wollte, dass Deutschland nie wieder in der Lage ist den Weltfrieden zu stören, entschied man sich zur Auflösung des deutschen Militärs sowie dem Abbau oder die Kontrolle der kriegswichtigen Industrie. Des Weiteren sollte der Nationalsozialismus gänzlich aus dem kulturellen Leben der deutschen Bevölkerung verschwinden, das hieß die Nationalsozialistische Partei, sowie deren Gesetze, Organisationen

---

[15] Vgl. Schöllgen, Gregor: Geschichte der Weltpolitik von Hitler bis Gorbatschow: 1941-1991. München 1996, S. 23

und Einrichtungen zu zerstören. Dazu gehörte auch allen Kriegsverbrechern eine schnelle und gerechte Strafe zu zuführen.[16] Als nächster wichtiger Aspekt galten die Reparationsforderungen der Mächte an Deutschland. Sie einigten sich ganz klar, dass Deutschland für die verursachten Schäden aufkommen müsse. Eigens hierfür wurde eine alliierte Reparationskommission in Moskau eingesetzt. Sie ermittelte unter anderem die Höhe der Reparationen für die UdSSR auf 20 Milliarden US-Dollar[17] und erkannte sie grundsätzlich an. Wie von Roosevelt gewünscht wurde auch die Frage nach einer Weltfriedensorganisation erörtert. Die Konferenzteilnehmer einigten sich darauf, dass am 25. April 1945 in San Francisco die erste Konferenz der Vereinten Nationen (UNO) einberufen werden sollte. Dort sollte die Charta für solch eine Weltfriedensorganisation erarbeitet werden.[18] Außerdem verständigte man sich darauf eine Nachkriegskonferenz abzuhalten.

Vom 17. Juli bis zum 2. August trafen die „Großen Drei" in Potsdam ein letztes Mal zusammen. Allerdings war Stalin der Einzige von ihnen, der auch bei den Konferenzen in Teheran und Jalta dabei war. Nach dem Tod Roosevelts war Harry S. Truman neuer Präsident der Vereinigten Staaten geworden. Churchill wurde noch während der Konferenz, durch den

---

[16] Vgl. v. Hannover, Georg Wilhelm: Die völkerrechtliche Stellung Deutschlands nach der Kapitulation. Köln [u. a.] 1984, S. 68 ff.

[17] Geiss, Imanuel: Geschichte griffbereit. Bd. 4. Begriffe. München 2002, S. 1017

[18] Vgl. Fischer, Alexander: Teheran, Jalta, Potsdam: die sowjetischen Protokolle von den Kriegskonferenzen der „großen Drei". 3.Auflage. Köln 1985, S.184 ff.

Wahlsieg der Labour-Partei, von Clement Attlee als neuen Premierminister Großbritanniens abgelöst. Frankreich nahm trotz seiner Stellung als Besatzungsmacht nicht teil, stimmte dem Kommunique aber am 7. August 1945 zu. Im Vordergrund der Potsdamer Konferenz stand die Schaffung einer dauerhaften Friedensordnung für Europa.[19] Dadurch nahm die Deutschland- und Polenfrage eine ähnlich bedeutende Stellung ein wie auf der Jalta-Konferenz, wurde aber noch präzisiert. So erklärte man, dass der Fortbestand Deutschlands nur in den Grenzen vom 31. Dezember 1937 in Anbetracht gezogen werden sollte.[20]

Die endgültige Festlegung der Westgrenze Polens verschob man auf eine künftige Friedenskonferenz. Bis dahin sollten die ehemaligen deutschen Gebiete von Swinemünde
bis zur tschechoslowakischen Grenze und die frühere Freie Stadt Danzig unter die Verwaltung des polnischen Staates fallen. Die Stadt Königsberg und ihre umliegenden Gebiete wurden an die Sowjetunion übergeben.[21] Mit dieser Bestimmung einher ging auch der Beschluss zur Umsiedlung der deutschen Bevölkerung. Besonderes Augenmerk waren hier die Deutschen in Polen, der Tschechoslowakei und Ungarn. Laut den offiziellen Dokumenten sollte die Umsiedlung „organisiert und human erfolgen". Zudem sollte der Kontrollrat in Deutschland damit beauftragt

---

[19] Meissner, Boris: Die Sowjetunion und Deutschland von Jalta bis zur Wiedervereinigung: ausgewählte Beiträge. Köln 1995, S. 13 ff.
[20] Meissner, Boris: Die Deutschlandfrage von Jalta und Potsdam bis zur staatlichen Teilung Deutschlands 1949. Berlin 1993, S.43
[21] Vgl. Schöllgen, Gregor: Geschichte der Weltpolitik von Hitler bis Gorbatschow: 1941-1991. München 1996, S. 25

werden, eine möglichst „gerechte Aufteilung" der deutschen Flüchtlinge auf die Besatzungszonen zu gewährleisten.[22]

Deutschland betreffend wurden die Vereinbarungen von Jalta bestätigt: Aufteilung in vier Besatzungszonen mit eigener Verwaltung, höchste Regierungsgewalt wurde durch die Oberbefehlshaber der Streitkräfte ausgeübt, Zerstörung und Entwaffnung der deutschen Streitkräfte, sowie Abbau oder Kontrolle der kriegsrelevanten Industrie. Nachträglich legte das Protokoll vom 12. September 1945 fest, dass „Groß-Berlin" einem besonderen Status untersteht. Obgleich es im Herzen der sowjetischen Besatzungszone lag, sollte es nicht Teil dieser sein. Vielmehr war für die deutsche Hauptstadt eine gemeinsame Verwaltung vorgesehen.[23] Wirtschaftlich sollte Deutschland während der Besatzungszeit als Einheit betrachtet werden. Bei den Reparationen die Deutschland leisten sollten wurden konkrete Beschlüsse verfasst. Die Besatzungsmächte sollten ihre Forderungen aus ihren Zonen und den entsprechenden deutschen Auslandsinvestitionen schöpfen. Lediglich der UdSSR fiel eine Sonderstellung zu; zusätzlich zu ihren Forderungen erhielten sie 25 Prozent der Reparationen aus den westlichen Zonen.

Was die Bestrafung der Kriegsverbrecher anging, wurde auf eine schnellstmögliche Verurteilung verwiesen. Den Hauptkriegsverbrechern

---

[22] Fischer, Alexander: Teheran, Jalta, Potsdam: die sowjetischen Protokolle von den Kriegskonferenzen der „großen Drei". 3.Auflage. Köln 1995, S. 401 ff.
[23] Vgl. Mai, Gunther: Der Alliierte Kontrollrat in Deutschland 1945-1948: alliierte Einheit – deutsche Teilung ?. München 1995, S. 36 ff.

sollte in einen gesonderten Prozess eine gerechte Strafe entgegenkommen. Umgesetzt wurde dies letztendlich mit den Nürnberger Kriegsverbrecherprozessen. Als letzter relevanter Beschluss ist hier noch die Bildung eines Rates der Außenminister zu nennen. Er sollte aus den Außenministern der UdSSR, Großbritanniens, Chinas, Frankreichs und den Vereinigten Staaten von Amerika; also allen ständigen Mitgliedern der Vereinten Nationen, bestehen. Die wichtigste Aufgabe des Rates sollte die Aufsetzung von Friedensverträgen für Italien, Rumänien, Bulgarien, Ungarn und Finnland darstellen. Durch die Bildung des Rates der Außenminister entschlossen sich die Siegermächte dazu, das EAC aufzulösen. Ihre Aufgaben wurden auf den Alliierten Kontrollrat übertragen.[24]

Abschließend ist noch zu sagen, dass das Potsdamer Abkommen kein völkerrechtlicher Vertrag, sondern ein Regierungsabkommen war. Deshalb konnte auch in Fragen der Grenzverschiebungen keine verbindlichen Entscheidungen getroffen werden.[25]

---

[24] Fischer, Alexander: Teheran, Jalta, Potsdam: die sowjetischen Protokolle von den Kriegskonferenzen der „großen Drei". 3.Auflage. Köln 1985, S. 393, 397
[25] Vgl. Meissner, Boris: Die Sowjetunion und Deutschland von Jalta bis zur Wiedervereinigung: ausgewählte Beiträge. Köln 1995, S. 44

2.2.3 Unterschiede in den Vorstellung über das neue Europa

Schon während der ersten Verhandlungsgespräche wurde deutlich, dass die westlichen Alliierten und die UdSSR unterschiedliche Vorstellungen besaßen. Stalin ging es vermehrt darum, die sowjetische Vormachtstellung durch eine Besetzung Ostmittel- und Südosteuropas zu festigen. Dies gelang ihm unter anderem durch die Kompromissbereitschaft der westlichen Alliierten, beispielsweise bei der Festlegung der Westgrenze Polens an der Curzon-Linie, aber auch durch ein bewusstes Hinwegsetzen der Beschlüsse von Jalta. Beispielhaft dafür war die Einsetzung des „Lubliner Komitees", welches die UdSSR selbst bildete. George Kennan verdeutlicht dies in einer seiner Arbeiten mit der Aussage, dass die Außenpolitik der Sowjetunion immer eine Verschmelzung von Ideologie und Machtpolitik gewesen sei.[26] Die westlichen Alliierten, allen voran Großbritannien, hofften auf die Sicherstellung eines Gleichgewichts in Europa. Außerdem wollten sie die Ausbreitung des sowjetischen Einflusses nach Westen vermeiden. Somit galt es schon von Beginn an sehr unterschiedliche Vorstellungen miteinander zu vereinbaren.

2.2.4 Probleme bei der Umsetzung der Konferenzbeschlüsse

Trotz der sorgfältigen Ausarbeitung der Beschlüsse über das neue Europa wurde nicht alles wie erhofft erfüllt. So besagte das Potsdamer Kommunique einerseits, dass Deutschland während der Zeit der Besatzung als wirtschaftliche Einheit zu betrachten sei. Doch durfte sich

---

[26] ebenda, S. 13

die UdSSR zur Ergänzung der Reparationen aus ihrer eigenen Zone an denen der westlichen bedienen, oder zu mindestens tauschen. So kam es zu einer unterschiedlichen Behandlung zwischen den westlichen und östlichen Zonen.[27] Ein weiterer Punkt der hier zu nennen ist, war die Lösung der Demokratisierung, Entnazifizierung und der Demilitarisierung. Es war den Besatzern freigestellt, wie die Realisierung aussehen sollte. Das Kommunique von Potsdam sah die Schaffung einer pluralistischen Demokratie mit einem Mehrparteiensystem vor. Die Sowjetunion widersetzte sich dem aber mit der Zwangsfusion der Sozialdemokratischen Partei Deutschlands (SPD) und der Kommunistischen Partei Deutschlands (KPD) zur Sozialistischen Einheitspartei Deutschlands, der SED, im April 1946 eindeutig. Auch in Bezug auf Polen gab es Probleme bei der Beschlussumsetzung. Die Politik Stalins war ein eindeutiger Bruch mit den Vereinbarungen Jaltas. Polen sollte ein eigenständiges Land werden. Durch die Einsetzung des „Lubliner Komitees" sicherte sich Stalin aber die Oberhand über die polnischen Gebiete.[28]

---

[27] Vgl. Schöllgen, Gregor: Geschichte der Weltpolitik von Hitler bis Gorbatschow: 1941-1991. München 1996, S. 27

[28] Vgl. Meissner, Boris: Die Deutschlandfrage von Jalta und Potsdam bis zur staatlichen Teilung Deutschlands 1949. Berlin 1993, S. 26 ff.

3. Ergebnis und Ausblick

Obgleich es bei der Umsetzung der Konferenzbeschlüsse zu Missachtungen kam, waren sie für die Zukunft Europas und der restlichen Welt von enormer Bedeutung. Den alliierten Siegermächten ist es auf den drei Gipfeltreffen gelungen eine Neuordnung des völlig zerstörten Europas zu bewirken. Auch gaben sie dem deutschen Volk die Chance in ein neues demokratisches Deutschland zu schreiten. Sie entfernten die nationalsozialistischen Spuren aus der deutschen Öffentlichkeit und machten den Weg für eine andere Zukunft frei. Bedeutsam ist auch die Gründung der Weltfriedensorganisation der Vereinten Nationen. Sie klärt nicht nur die Verhältnisse zwischen den Ländern der Welt, sie soll auch den zukünftigen Frieden in der Welt garantieren. Dass sie bis heute besteht, zeigt die Relevanz dieser Institution.

Doch es stellt sich auch die Frage, ob die Kluft zwischen dem westlichen System und dem der Sowjetunion vermeidbar gewesen wäre. War die Teilung Deutschlands und die Entstehung des „Eisernen Vorhangs"[29] unvermeidbar oder Konsequenz der Machtansprüche der westlichen und östlichen Welt? Sicher war nur eins: die Welt stand am Ende des Zweiten Weltkriegs auf der Schwelle zum nächsten Krieg – dem Kalten Krieg.

---

[29] Aigner, Dietrich: Persönlichkeit und Geschichte. Bd. 84/85: Winston Churchill. Ruhm und Legende. Göttingen 1975

4.   Quellen und Literatur

Aigner, Dietrich: Persönlichkeit und Geschichte. Bd. 84/85: Winston Churchill. Ruhm und Legende. Göttingen 1975

Becker, Josef; Stammen, Theo; Waldmann, Peter (Hrsg.): Vorgeschichte der Bundesrepublik Deutschland: Zwischen Kapitulation und Grundgesetz. München 1979

Bundeszentrale für politische Bildung (Hrsg.): Die Doppelte Staatsgründung: Deutsche Geschichte 1945-1955. 5.überarbeitete und erweiterte Auflage. Bonn 1991 (Schriftenreihe Band 298)

Charmley, John: Churchill – The end of glory: A political biography. London 1992

Dülffer, Jost: Jalta, 04. Februar 1945: Der Zweite Weltkrieg und die Entstehung der bipolaren Welt. Originalausgabe, [o. O.] 1998 (20 Tage aus dem 20. Jahrhundert 20606)

Fischer, Alexander: Teheran, Jalta, Potsdam: die sowjetischen Protokolle von den Kriegskonferenzen der „ großen Drei". 3.Auflage. Köln 1985

Geiss, Imanuel: Geschichte griffbereit. München 2002

Graml, Hermann: Die Alliierten und die Teilung Deutschlands: Konflikte und Entscheidungen 1941-1948. Frankfurt am Main 1995

Grewe, Wilhelm Georg: Teilung und Einheit Deutschlands als europäisches Problem.
Bonn 1991

v. Hannover, Georg Wilhelm: Die völkerrechtliche Stellung Deutschlands nach der Kapitulation. Köln [u. a.] 1984

Hillmann, Jörg: Kriegsende 1945 in Deutschland. München 2002

Mai, Gunther: Der Alliierte Kontrollrat in Deutschland 1945-1948: alliierte Einheit – deutsche Teilung?. München 1995

Meissner, Boris: Das Potsdamer Abkommen. Wien 1996

Meissner, Boris: Die Deutschlandfrage von Jalta und Potsdam bis zur staatlichen Teilung Deutschlands 1949. Berlin 1993

Meissner, Boris: Die Sowjetunion und Deutschland von Jalta bis zur Wiedervereinigung: ausgewählte Beiträge. Köln 1995

Michaelis, Herbert (Hrsg.): Ursache und Folgen. Bd. 20: die alliierten Friedenspläne - die Konferenz von Teheran. [o. O.]

Michaelis, Herbert (Hrsg.): Ursache und Folgen. Bd. 23: die Kapitulation, die Anfänge der Besatzungspolitik, die Potsdamer Konferenz. [o. O.]

Schöllgen, Gregor: Geschichte der Weltpolitik von Hitler bis Gorbatschow: 1941-1991.
München 1996

Siegler, Heinrich: Deutschlands Weg 1945–1955: von der Kapitulation bis zur Moskau-Reise
Adenauers. Köln 1955

Volkmann, Hans-Erich: Ende des Dritten Reichs – Ende des Zweiten Weltkriegs: Eine perspektivische Rückschau. Originalausgabe. München 1995 (Serie Piper 2056)